Impressum
Verlag: BABADADA GmbH, Nedderfeld 112 , 22529 Hamburg
Geschäftsführer / Verlagsleitung: Harald Hof
Druck: Books on Demand GmbH, In de Tarpen 42, 22848 Norderstedt

Imprint
Publisher: BABADADA GmbH, Nedderfeld 112 , 22529 Hamburg, Germany
Managing Director / Publishing direction: Harald Hof
Print: Books on Demand GmbH, In de Tarpen 42, 22848 Norderstedt, Germany

sekolo

школа

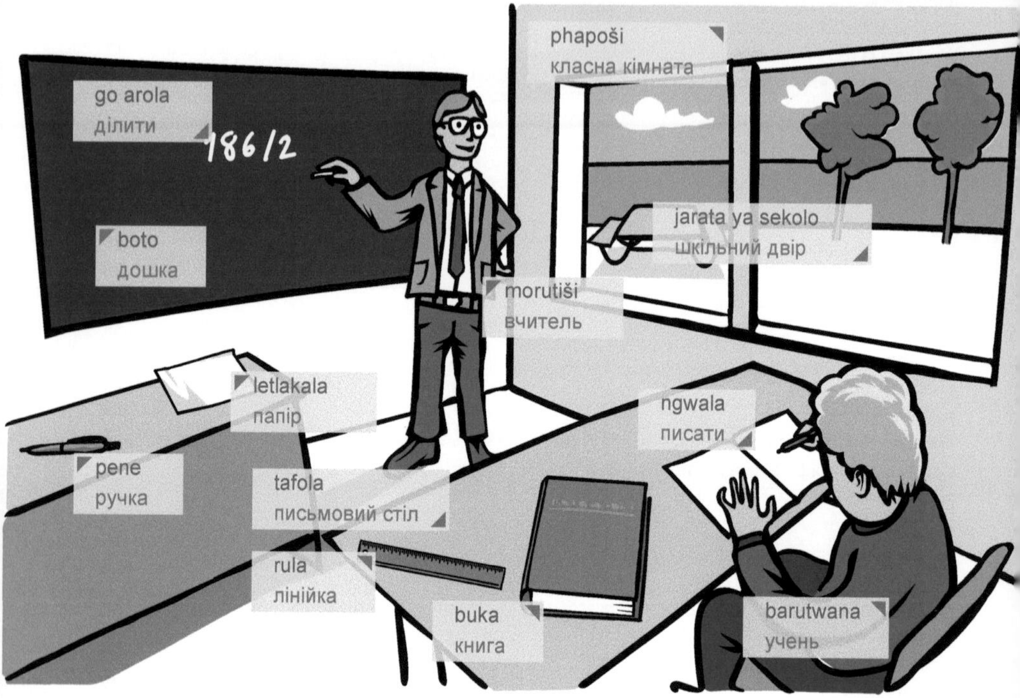

phapoši
класна кімната
go arola
ділити
186/2
boto
дошка
jarata ya sekolo
шкільний двір
morutiši
вчитель
letlakala
папір
ngwala
писати
pene
ручка
tafola
письмовий стіл
rula
лінійка
buka
книга
barutwana
учень

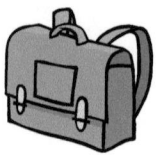

peke

ранець

kheise ya phensele

пенал

phensele

олівець

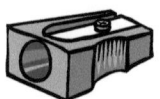

motšhene wa go betla phensele

точило

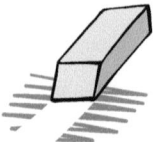

rabhara

гумка

phede ya ho thala

альбом для малювання

go thala

малюнок

borashe ya go penta

пензель

lepokisi la go penta

коробка фарб

sekero

ножиці

sekgomaretši

клей

puku ya go ngwala

зошит

mošomo wa gae

домашнє завдання

nomoro

число

tlatša

додавати

go ntšha

віднімати

go atiša

множити

khalekhuleitha

рахувати

lengwalo

літера

alefapete

абетка

lentšu

слово

mongolo

текст

bala

читати

tšhoko

крейда

thuto

година

puku ya maina

класний журнал

thuto

екзамен

setifikeite

диплом

diaparo tša sekolo

шкільна форма

thuto

освіта

encyclopedia

лексикон

yunibesithi

університет

maekrosekoupo

мікроскоп

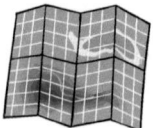

mmapa

карта

pasekete ya matlakala a ditšhila

кошик для паперу

eta

подорож

hotele
готель
hosetele
турбаза
ROOMS
EXCHANGE
lefelo la go fetola tšhelete
обмінний пункт
sutukheise
валіза
koloi
автомобіль

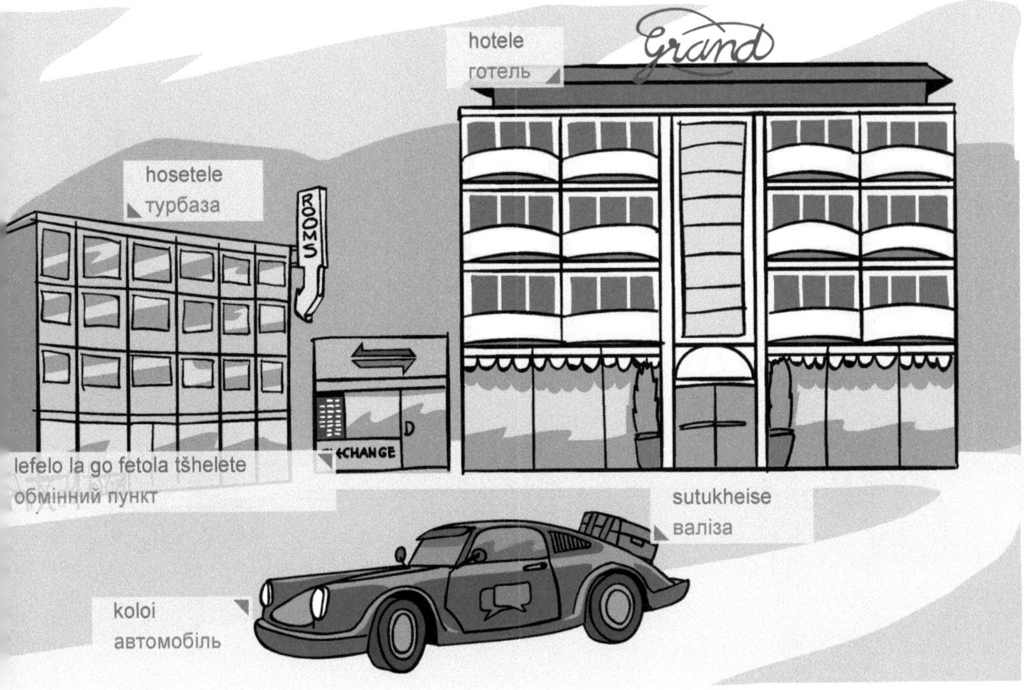

Leleme

мова

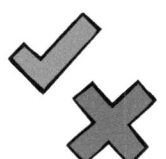

ee / aowa

так / ні

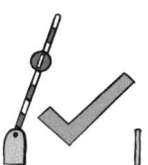

Go lokile

добре

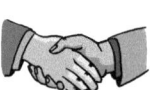

Dumela

привіт

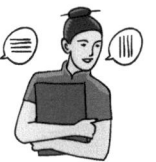

mofetoledi

перекладач

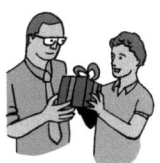

Re a leboga

дякую

... ke bokae?

Скільки коштує ...?

ga ke kwešiše

Я не розумію

bothata

проблема

Thobela!

Добрий вечір!

Meso e mebotse!

Доброго ранку!

Robala botse!

На добраніч!

šala gabotse

До побачення

keletšo ya tsela

напрямок

peke

багаж

peke

сумка

mokotla wa dipuku

рюкзак

moeng

гість

phapoši

кімната

pekana ya go robala

спальний мішок

mokhukhu

намет

boitsebišo bja moeti

туристична інформація

lewatleng

пляж

karata ya mokitlana

кредитна картка

dijo tša mesong

сніданок

matena

обід

dijo tša mantšiboa

вечеря

thikethe

квиток

lifithi

ліфт

setempe

поштова марка

border

межа

setlwaedi

митниця

embassy

посольство

visa

віза

phasepoto

паспорт

senamelwa

транспорт

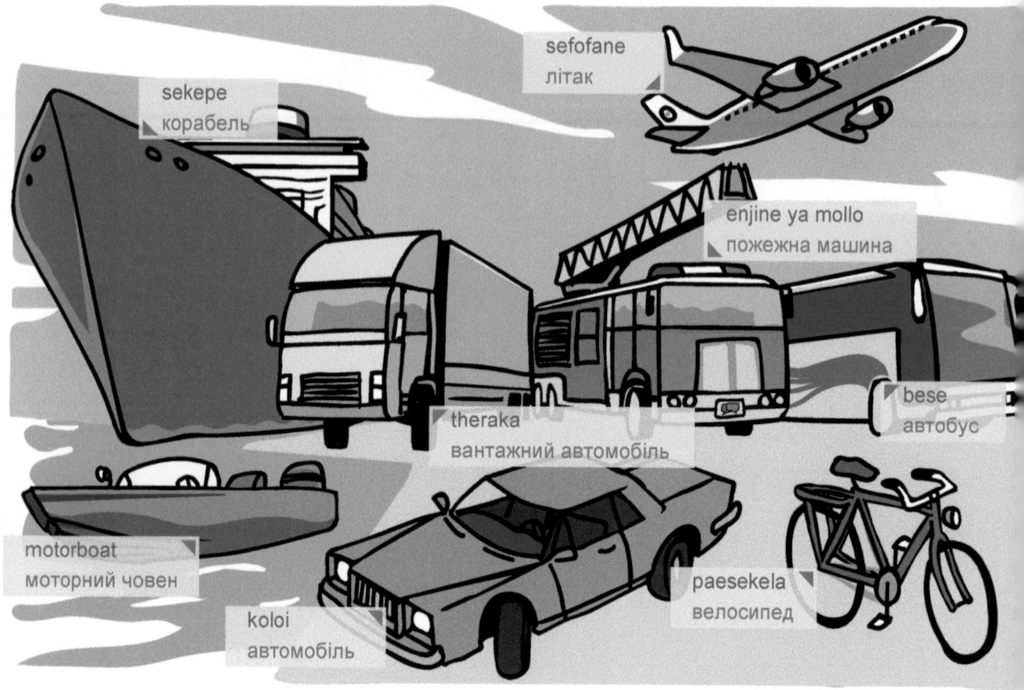
sefofane
літак
sekepe
корабель
enjine ya mollo
пожежна машина
bese
автобус
theraka
вантажний автомобіль
motorboat
моторний човен
paesekela
велосипед
koloi
автомобіль

feri
порон

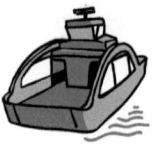

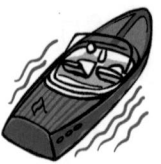

sekepe
човен

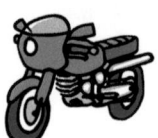

sethuthuthu
мотоцикл

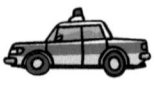

koloi ya maphodisa
поліцейська машина

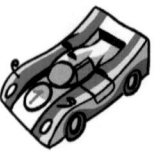

koloi ya go šiašiana
гоночний автомобіль

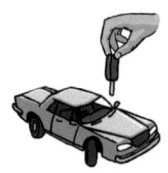

koloi ya go rentišwa
автомобіль на прокат

go arogana koloi

спільне користування авто

theraka ya go goga

евакуатор

theraka ya ditlakala

сміттєвоз

mmotho

двигун

makhura

паливо

seteišene sa makhura

автозаправна станція

leswao la therafiki

дорожній знак

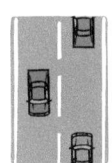

therafiki

рух

therafiki

затор

lefelo la go phaka dikoloi

стоянка

seteišene sa terene

вокзал

tsela

рейки

terene

потяг

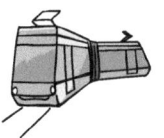

theramo

трамвай

koloi

вагон

sefofane

гелікоптер

boemafofane

аеропорт

serokami

вежа

monamedi

пасажир

seswari

контейнер

lepokisana

коробка

khathe

візок

basket

кошик

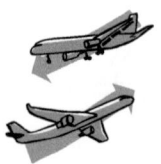

go tloga / go kwatama

стартувати / приземлятися

toropo

місто

motse

село

bogareng bja toropo

центр міста

ntlo

дім

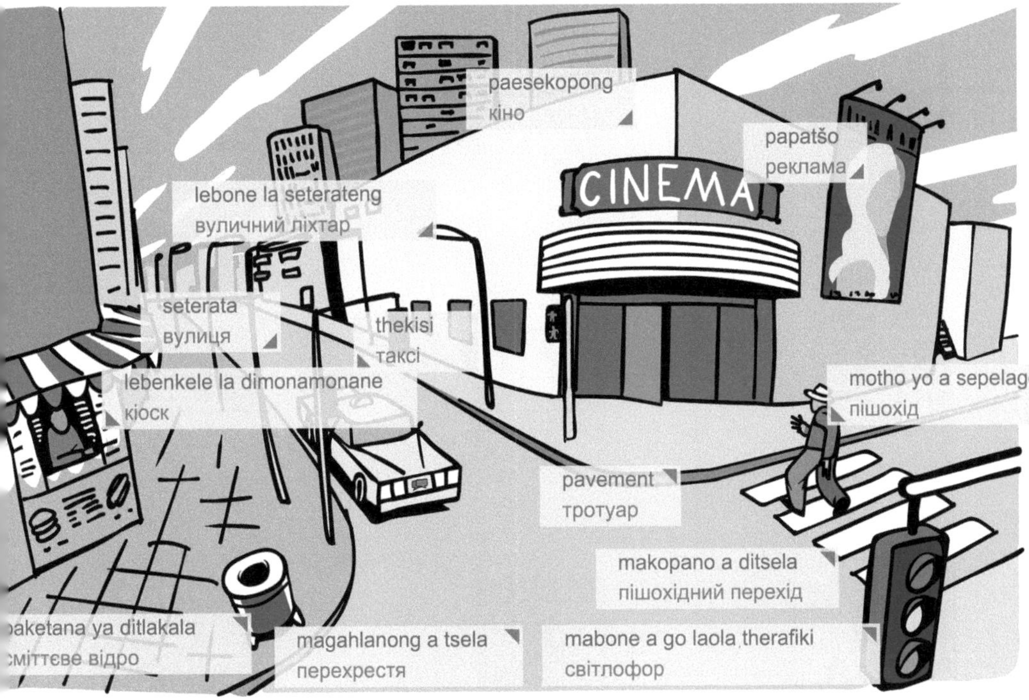

paesekopong
кіно

papatšo
реклама

lebone la seterateng
вуличний ліхтар

seterata
вулиця

thekisi
таксі

lebenkele la dimonamonane
кіоск

motho yo a sepelago
пішохід

pavement
тротуар

makopano a ditsela
пішохідний перехід

паketana ya ditlakala
сміттєве відро

magahlanong a tsela
перехрестя

mabone a go laola therafiki
світлофор

mokutwana

хатина

folete

квартира

seteišene sa terene

вокзал

holo ya toropong

ратуша

museamo

музей

sekolo

школа

toropo - місто

yunibesithi

університет

panka

банк

sepetlele

лікарня

hotele

готель

lebenkele la dihlare

аптека

ofisi

офіс

lebenkele la dipuku

книжковий магазин

lebenkele la dijo

магазин

lebenkele la matšoba

квітковий магазин

lebenkele la dihlare

супермаркет

mmakete

ринок

lebenkele la dilo tše dintši

універмаг

fishmonger's

торговець рибою

lefelo la mabenkele

торговельний центр

boemakepe

гавань

phaka
парк

bench
лава

leporogo
міст

ditepisi
сходи

ka tlase
метро

thanele
тунель

boemela pese
автобусна зупинка

bar
бар

lebenkele la dijo
ресторан

lepokisi la poso
поштова скринька

leswao la seterata
вулична табличка

mithara wa go phaka koloi
лічильник паркування

zuu
зоопарк

letamo la go rutha
басейн

lefelo la mamoseleme
мечеть

polasa

ферма

tšhilafalo

забруднення
навколишнього
середовища

mabitla

кладовище

kereke

церква

lefelo la go bapala

дитячий майданчик

tempele

храм

lefelo la dithaba

ландшафт

letlakala
листок

leswao la tsela
вказівний стовп

tsela
шлях

lefelo kgauswi le noka
луг

letlapa
камінь

mophara thaba
мандрівник

mohlare
дерево

noka
річка

bjang
трава

letšoba
квітка

tsela

долина

thaba

гора

letangwana la meetsi

озеро

sethokgwa

ліс

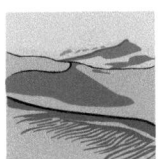

leganata

пустеля

thabamollo

вулкан

ntlo e kgolo

замок

molalatladi

веселка

mushroom

гриб

palm tree

пальма

monang

комар

fofa

муха

ditšhošwane

мурашка

nosi

бджола

segokgo

павук

lefelo la dithaba - ландшафт

khunkhwane

жук

segwagwa

жаба

squirrel

вивірка

noko

їжак

mmutla

заєць

leribiši

сова

nonyana

птах

mogolodi

лебідь

kolobe ya naga

кабан

phuthi

олень

phuthi

лось

letamo

гребля

wind turbine

вітряк

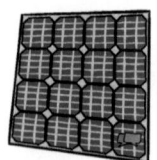

phanele ya solar

сонячний модуль

leratadima

клімат

lebenkele la dijo

ресторан

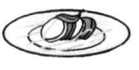

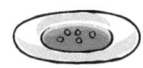

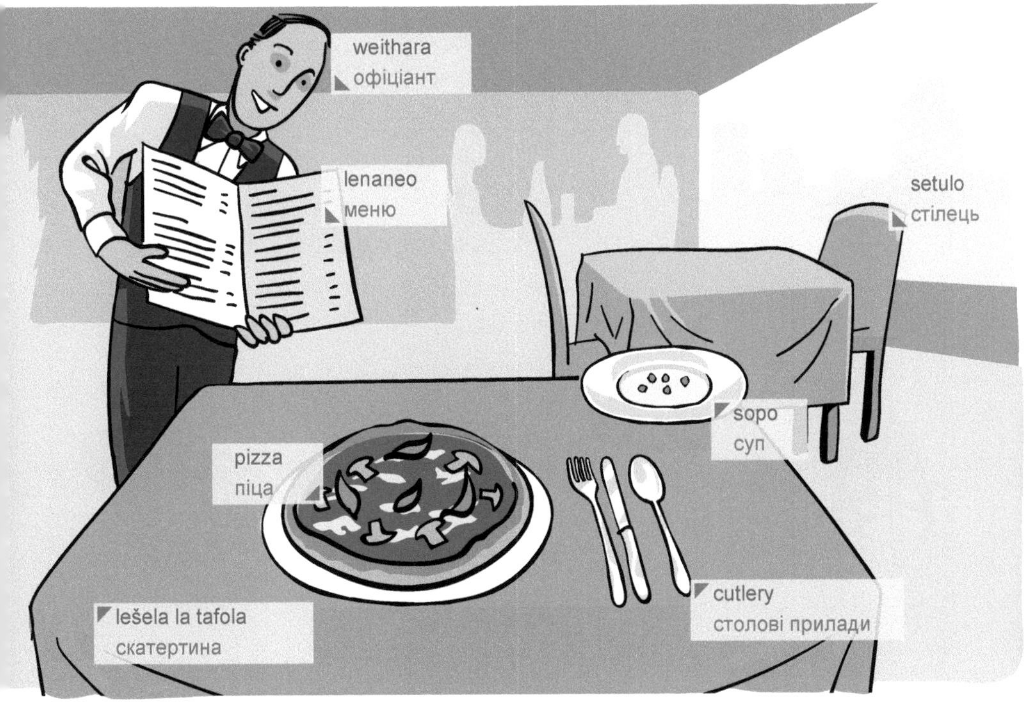

weithara
офіціант
lenaneo
меню
setulo
стілець
sopo
суп
pizza
піца
cutlery
столові прилади
lešela la tafola
скатертина

dijo tša mathomo

закуска

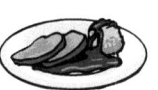

dijo

друга страва

dimonamonane

десерт

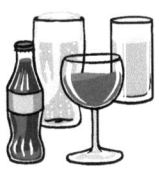

dino

напої

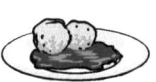

dijo

їжа

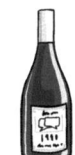

lepotlelo la ngwana

пляшка

fastfood

фаст-фуд

dijo tša seterateng

вулична їжа

ketlele ya tea

чайник

poleitana swikiri

цукорниця

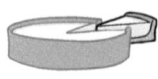

karolo

порція

motšhene wa espresso

еспресо-машина

setulo sa godimo

високий стільчик

tefo

рахунок

therei

піднос

thipa

ніж

foroko

вилка

lelepola

ложка

lelepola

чайна ложка

lešela la go iphomola

серветка

galase

склянка

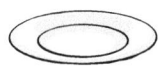

poleite

тарілка

poleite ya sopo

тарілка для супу

sosara

блюдце

moroto

соус

poto ya letswai

солонка

sešila phepha

млин для перцю

vinegar

оцет

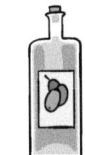

makhura

масло

sepaese

спеції

tamatisoso

кетчуп

masetete

гірчиця

mayonnaise

майонез

lebenkele la dihlare

супермаркет

dithekišo tša tlase
пропозиція
moreki
клієнт
dijo tša go ba le maswi
молочні продукти
dikenywa
фрукти
teroli
візок для покупок
FOR

BUTCHERS

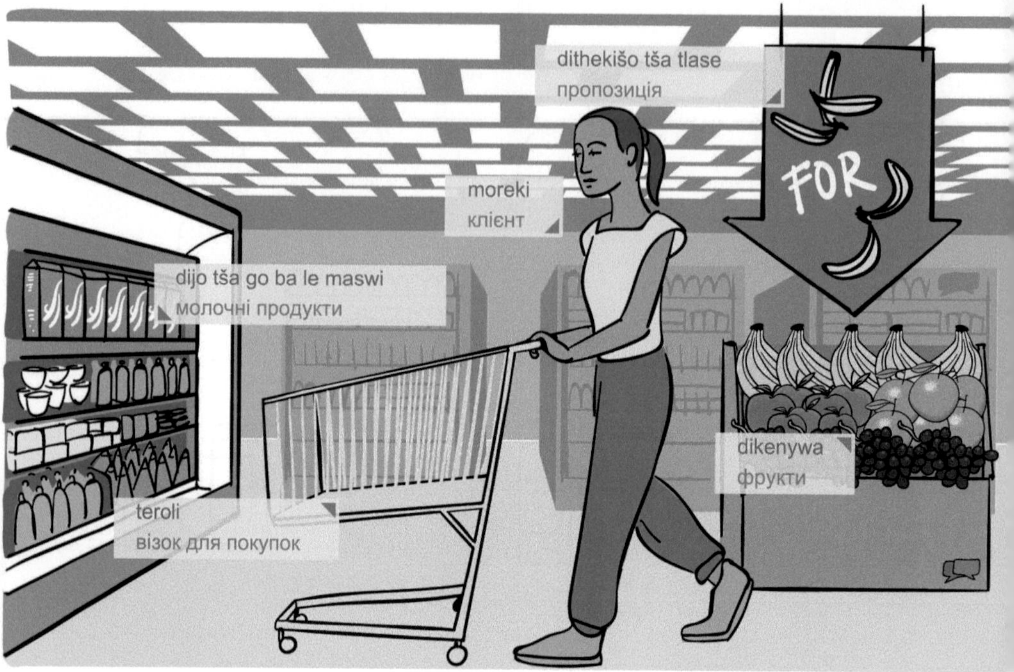

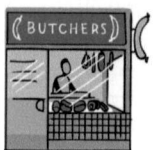

selaga
м'ясний магазин

BAKERY

moapei wa dikuku
пекарня

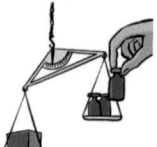

kala
зважувати

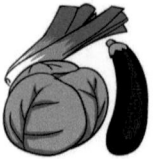

merogo
овочі

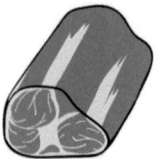

nama
м'ясо

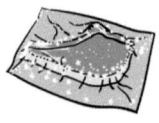

dijo tše gahlišitšwego
заморожені продукти

nama ya go tonya

ковбасна нарізка

tinned food

консерви

sešepi sa go hlatswa

пральний порошок

dimonamonane

солодощі

dilo tša ka ntlong

предмети домашнього побуту

didirišwa tša go hlwekiša

мийний засіб

morekiši

продавщиця

till

каса

morekiši

касир

enaneo la tše rekišwago

список покупок

diiri tša go bula

часи роботи

sepatšhe

гаманець

karata ya mokitlana

кредитна картка

peke

сумка

peke ya polasetiki

поліетиленовий пакет

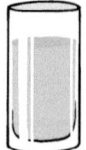

meetsi

вода

Juice

сік

maswi

молоко

coke

кола

beine

вино

bhiri

пиво

bjala

алкоголь

cocoa

какао

tea

чай

kofi

кава

espresso

еспресо

cappuccino

капучіно

banana

банан

apola

яблуко

namome

апельсин

melon

кавун

namone

лимон

carrot

морква

garlic

часник

bamboo

бамбук

keiye

цибуля

mushroom

гриб

ditokomane

горішки

noodles

локшина

spaghetti

спагеті

raese

рис

salate

салат

ditšhipisi

картопля фрі

matapola a gadikilwego

смажена картопля

pizza

піца

hambeka

гамбургер

sandwich

бутерброд

cutlet

шніцель

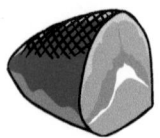

ham

шинка

salami

салямі

sausage

ковбаса

kgogo

курка

gadika

печеня

hlaphi

риба

bogobe bja oats

вівсяні пластівці

muesli

мюслі

cornflakes

кукурудзяні пластівці

folouro

борошно

croissant

круасан

dipanse

булочка

borotho

хліб

toaster

тостовий хліб

dipisikiti

печиво

botoro

масло

curd

сир

kuku

пиріг

lee

яйце

lee le gadikilwego

яєчня

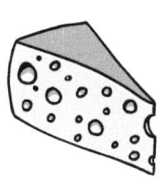

tshese

сир

ice cream

морозиво

swikiri

цукор

todi ya dinosi

мед

jeme

мармелад

chocolate spread

нуга-крем

curry

карі

dijo - їжа

polasa
ферма

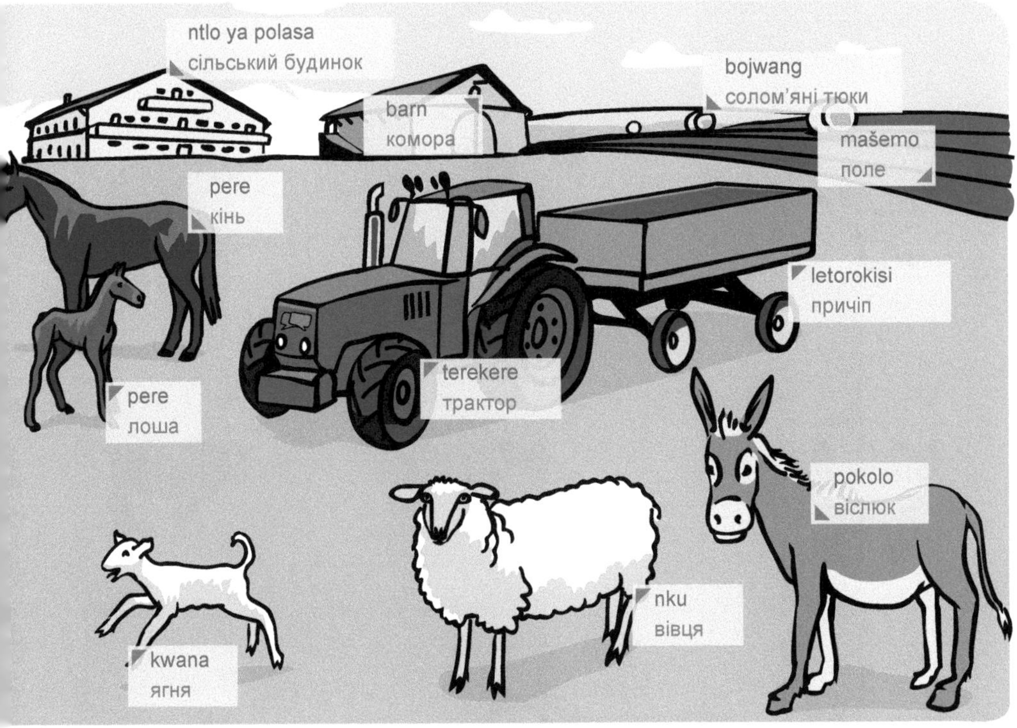
ntlo ya polasa
сільський будинок
barn
комора
bojwang
солом'яні тюки
mašemo
поле
pere
кінь
letorokisi
причіп
terekere
трактор
pere
лоша
pokolo
віслюк
nku
вівця
kwana
ягня

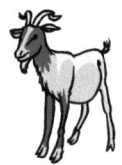

pudi

коза

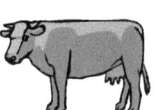

kgomu

корова

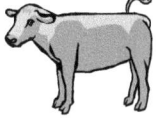

namane

теля

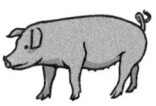

kolobe

свиня

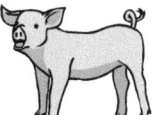

kolobjana

порося

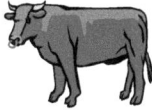

poo

бик

leganse

гусак

leganse

качка

letswienyane

курча

kgogo

курка

mokoko

півень

legotlo

щур

katse

кіт

legotlo

миша

pholo

віл

mpšha

собака

ntlwana ya mpšha

собача будка

lethompo la seratswana

садовий шланг

khene ya meetse

лійка

peke

коса

megoma ya terekere

плуг

sekele

серп

mogoma

мотика

foroko

вила

selepe

сокира

kiribai

тачка

letangwana la meetsi

корито

khene ya maswi

бідон молока

lesaka

мішок

fense

паркан

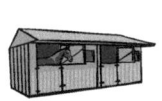

stable

хлів

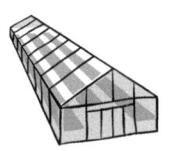

ntlwana ya galase ya dihlare

теплиця

mobu

ґрунт

peu

насіння

manyora

добриво

motšhene wa go buna

комбайн

buna

пожинати

buna

урожай

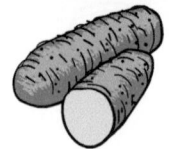

tse monate

корінь ямсу

korong

пшениця

soy

соя

letapola

картопля

korong

кукурудза

rapeseed

ріпак

mohlare wa dikenywa

плодове дерево

cassava

маніок

disereale

злаки

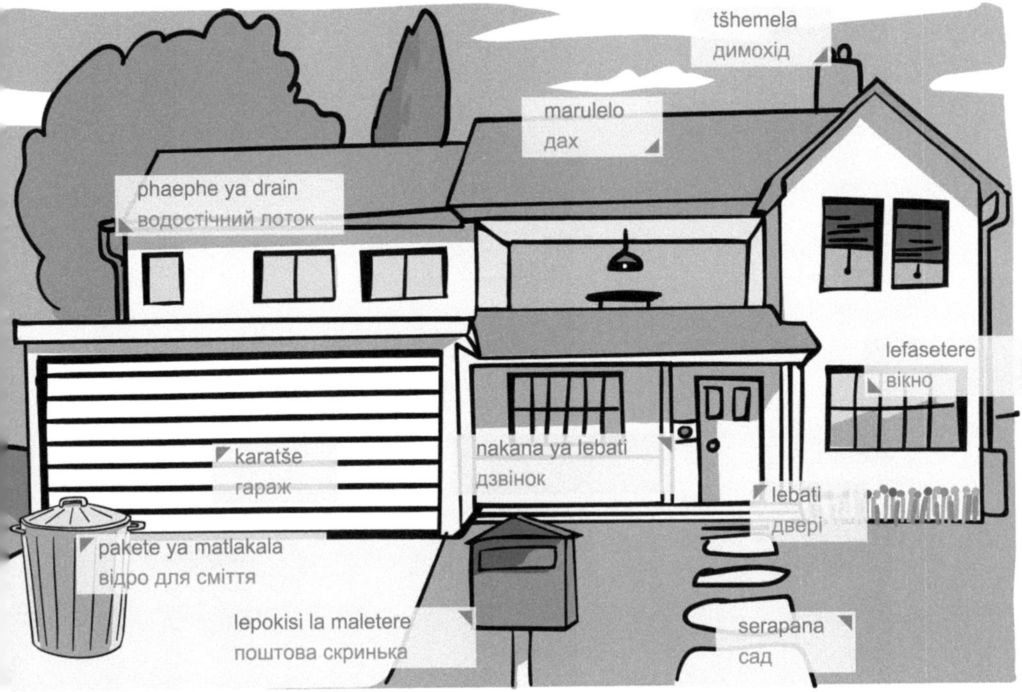

tšhemela
димохід

marulelo
дах

phaephe ya drain
водостічний лоток

lefasetere
вікно

karatše
гараж

nakana ya lebati
дзвінок

lebati
двері

pakete ya matlakala
відро для сміття

lepokisi la maletere
поштова скринька

serapana
сад

phapoši ya go dula

вітальня

kamora ya go hlapela

ванна кімната

boapeelo

кухня

phapoši ya go robala

спальня

phapoši ya bana

дитяча кімната

lefelo la boiketlo

їдальня

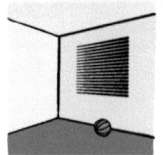

fase

підлога

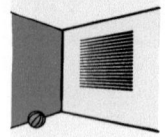

lebota

стіна

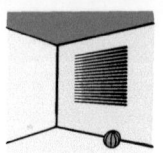

siling

стеля

cellar

підвал

sauna

сауна

letsikangope

балкон

lelapa

тераса

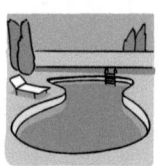

letamo la go rutha

басейн

motšhene wa go sega bjang

косарка

lešela la go iphomola

простирало

lešela la mpeto

ковдра

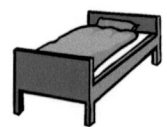

mpeto

ліжко

leswielo

мітла

pakete

відро

pholaka

перемикач

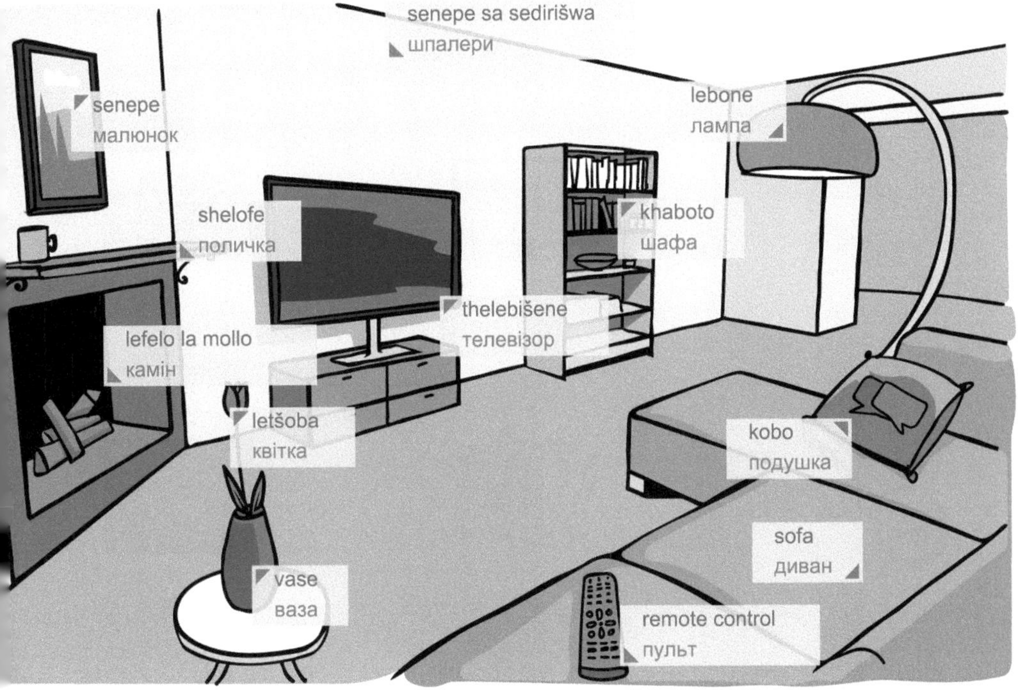

senepe sa sedirišwa
шпалери

senepe
малюнок

lebone
лампа

shelofe
поличка

khaboto
шафа

thelebišene
телевізор

lefelo la mollo
камін

letšoba
квітка

kobo
подушка

vase
ваза

sofa
диван

remote control
пульт

khaphete

килим

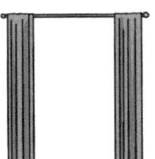

garetene

завіса

tafola

стіл

setulo

стілець

rocking chair

крісло-гойдалка

armchair

крісло

buka

книга

kobo

ковдра

bokgabišo

прикраса

dikota tša mollo

дрова

filimi

фільм

sedirišwa sa hi-fi

стереосистема

senotlelo

ключ

kuranta

газета

go penta

картина

phouseta

плакат

radio

радіо

pukwana ya go ngwala

блокнот

motšhene wa go hlwekiša

пилосос

mohlašana wa cactus

кактус

kerese

свічка

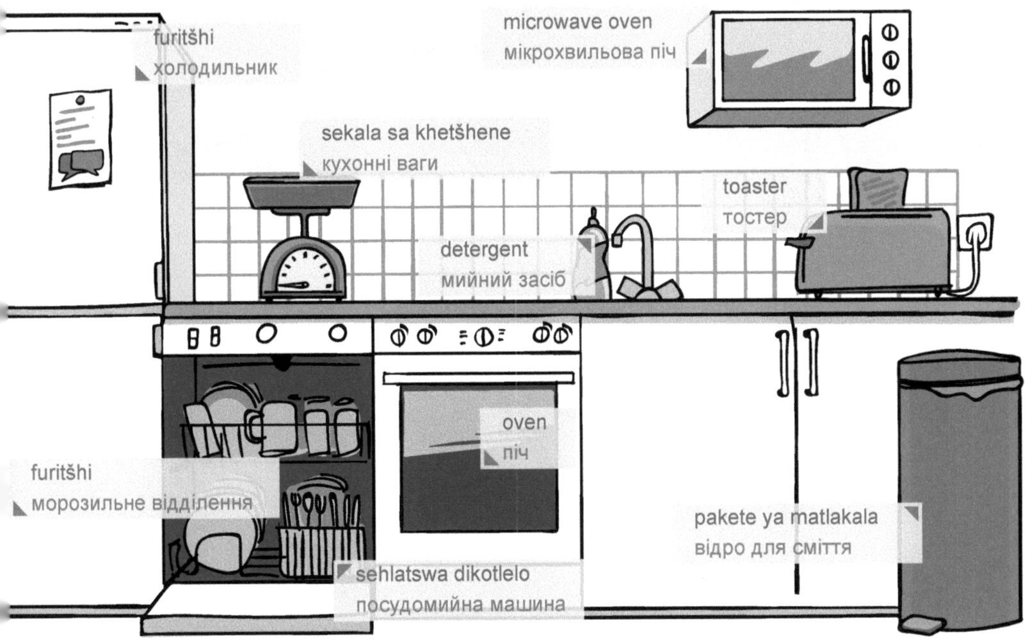

furitši
холодильник

microwave oven
мікрохвильова піч

sekala sa khetšhene
кухонні ваги

toaster
тостер

detergent
мийний засіб

oven
піч

furitši
морозильне відділення

pakete ya matlakala
відро для сміття

sehlatswa dikotlelo
посудомийна машина

moapei

плита

pitša

горщик

cast-iron pot

чавунний горщик

wok / kadai

вок / кадай

pane

сковорода

ketlele

чайник

steamer

пароварка

therei ya go paka

лист

dikotlelo

посуд

komiki

кухоль

mogopo

чаша

diphathana tša go ja

палички для їжі

lelepola la ladle

черпак

spatula

лопатка

whisk

вінчик для збивання

strainer

сито

sefo

сито

kereitara

терка

mortar

ступка

barbecue

барбекю

thuntšha

багаття

boto ya dijo

дошка

rolling pin

качалка

sebula lepotlelo

штопор

khene

конзерва

sebula khene

відкривачка

seswara dipoto

прихватки

sinki

раковина

borashe

щітка

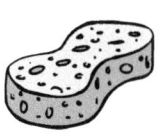

sepontše

губка

sehlakanyi

міксер

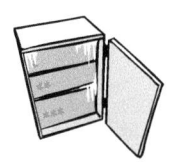

freezer

морозильна камера

lepotlelo la ngwana

дитяча пляшка

pompi

кран

kamora ya go hlapela

ванна кімната

borutho
опалення
toulo
рушник
šawara
душ
garetene ya šawara
душова завіса
bubble bath
пiниста ванна
bata
ванна
galase
склянка
motšhene wa go hlatswa
пральна машина
pompi
кран
dithaele
плитка
poto
горшок
sinki
раковина

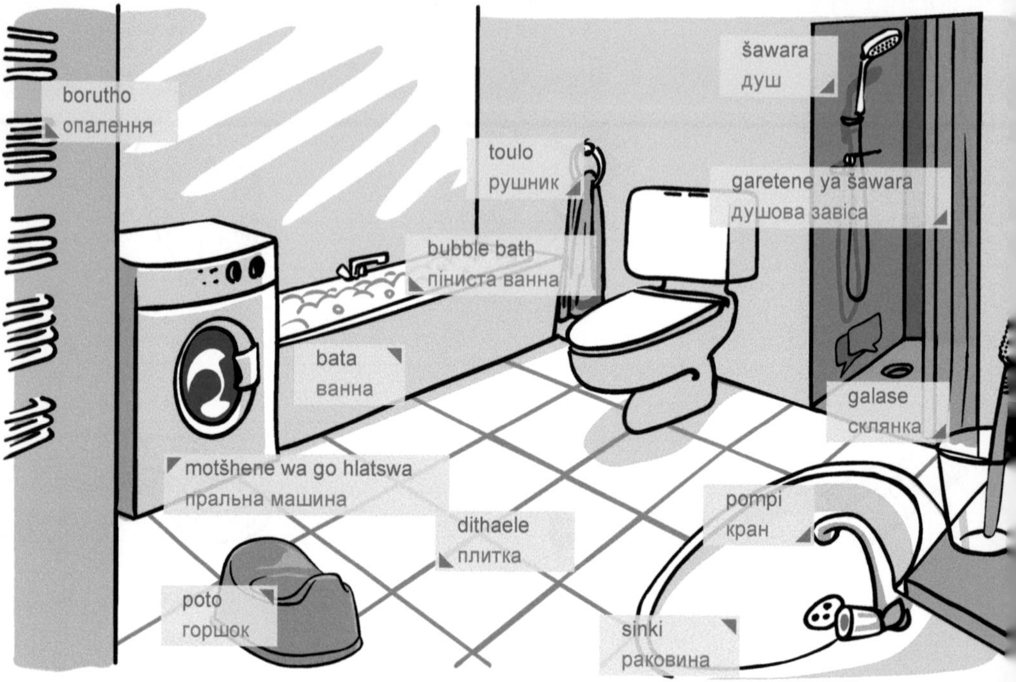

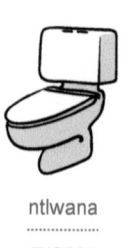

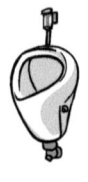

ntlwana

туалет

ntlwana ya ho tshorama

підлоговий туалет

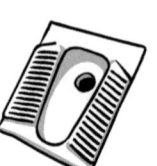

bidet

біде

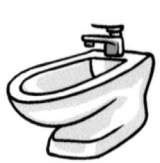

moroto

пісуар

pampiri ya ntlwana

туалетний папір

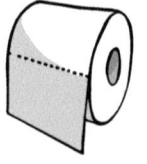

boraše ya ntlwana

щітка для туалету

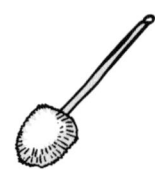

boraše ya ho hlapa meno

зубна щітка

sešepi sa meno

зубна паста

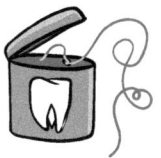

floss ya meno

нитка для чищення зубів

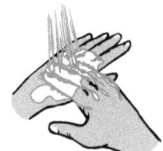

hlatswa

мити

shawara ya go swarwa ka matsogo

ручний душ

douche

інтимний душ

basin

таз

back brush

щітка для спини

sešepi

мило

sešepi sa ka šawareng

гель для душу

shampoo

шампунь

folene

мочалка

drain

водостік

sa go tlola

крем

senkgiša bose

дезодорант

seipone

дзеркало

sepili se senyenyane

косметичне дзеркало

legare

бритва

shaving foam

піна для гоління

aftershave

лосьйон після гоління

kamo

гребінь

boraše

щітка

derayara ya moriri

фен

setlola sa moriri

лак для волосся

makeup

косметика

setlola sa molomo

губна помада

varnish ya manala

лак для нігтів

wulu

вата

sekero sa dinala

ножиці для нігтів

phefumo

парфум

pekana ya tša go hlapa

косметичка

setulo

табурет

sekala

ваги

toulwana ya go hlapa

халат

ditlelafo tša rabara

гумові рукавички

tampon

тампон

toulo ya go phumula matsogo

гігієнічні прокладки

ntlwana ya dikhemikhale

біотуалет

phapoši ya bana

дитяча кімната

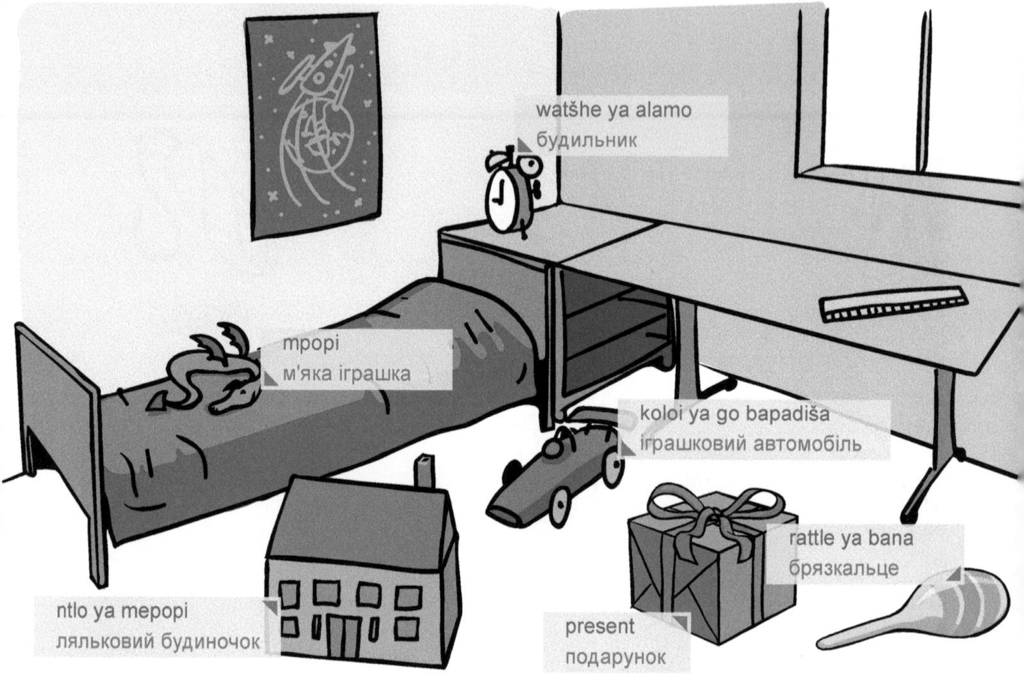
watšhe ya alamo
будильник
mpopi
м'яка іграшка
koloi ya go bapadiša
іграшковий автомобіль
rattle ya bana
брязкальце
ntlo ya mepopi
ляльковий будиночок
present
подарунок

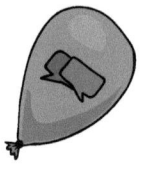

baluni

повітряна кулька

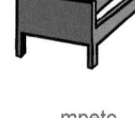

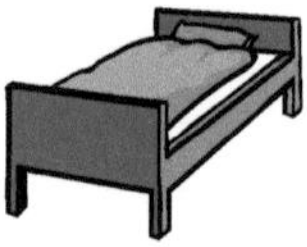

mpeto

ліжко

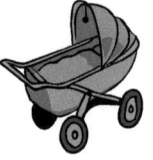

phorema

дитячий візок

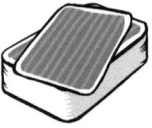

dikarata

картярська гра

papadi ya jigsaw

пазл

SUPER MEGA

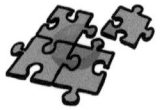

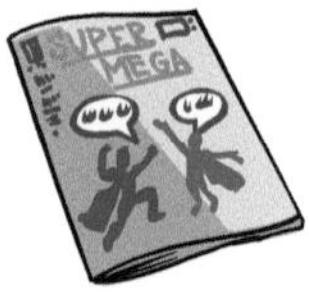

metlae

комікс

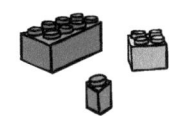

papadi ya lego bricks

лего цеглинки

papadi ya building blocks

блоки

action figure

іграшкова фігурка

go gola ga ngwana

повзунки

papadi ya Frisbee

фризбі

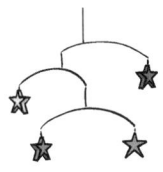

mobile

мобіле

papadi ya boto

настільна гра

letaese

кубик

model train set

модель залізнична станція

tami

соска

phathi

вечірка

puku ya dinepe

книжка з картинками

kgwele

м'яч

mpopi

лялька

bapala

грати

sandpit

пісочниця

swing

гойдалка

tša go bapadiša

іграшка

sedirišwa sa dipapadi tša bidio

гральна консоль

paesekele ya bana

триколісний велосипед

teddy bear

плюшевий мішка

oteropo

шафа

diaparo

одяг

masokisi

шкарпетки

masokisi

панчохи

pentihouso

колготки

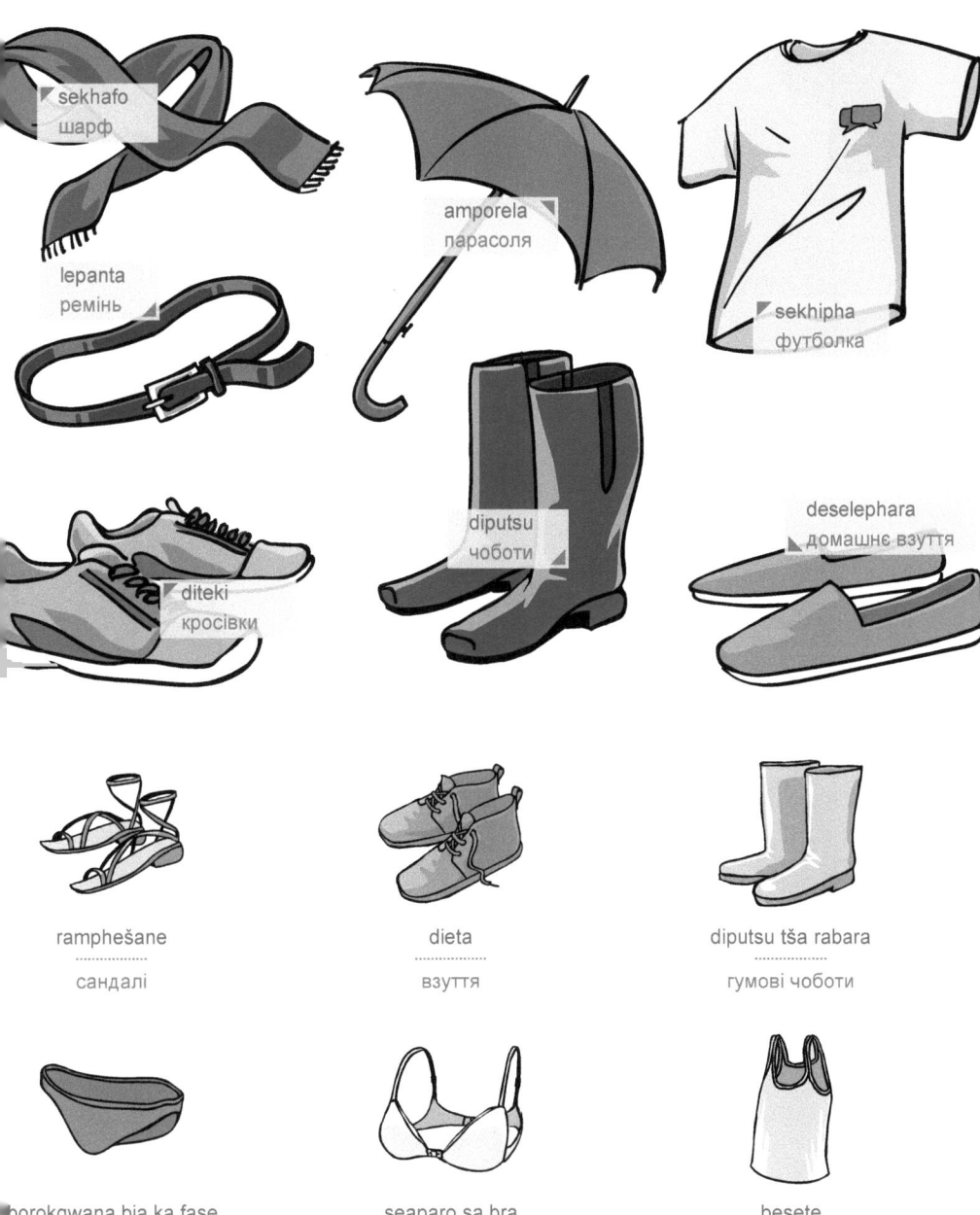

sekhafo
шарф

amporela
парасоля

sekhipha
футболка

lepanta
ремінь

diputsu
чоботи

deselephara
домашнє взуття

diteki
кросівки

ramphešane
сандалі

dieta
взуття

diputsu tša rabara
гумові чоботи

borokgwana bja ka fase
труси

seaparo sa bra
бюстгальтер

besete
нижня сорочка

mmele

боді

marokgo

штани

pokathe

джинси

sekhethe

спідниця

seaparo sa blouse

блузка

hempe

сорочка

jase

пуловер

jase

светр

seaparo sa blazer

піджак

baki

куртка

jase

пальто

jase ya pula

дощовик

khosetumo

костюм

roko

сукня

lešira

весільна сукня

sutu

костюм

seaparo sa go robala

нічна сорочка

dipejama

піжама

sari

сарі

sekafo

головна хустка

turban

чалма

seaparo sa burqa

бурка

roko ya kaftan

кафтан

abaya

абая

seaparo sa go rutha

купальник

diteranka

плавки

marukgwana a manyenyane

шорти

terekesutu

тренувальний костюм

apron

фартух

ditlelafo

рукавички

konope

гудзик

digalase

окуляри

boreiselete

браслет

nekeleise

ланцюг

palamonwana

кільце

lengena

сережка

kepisi

шапка

hengere ya jase

плічка

kefa

капелюх

thai

краватка

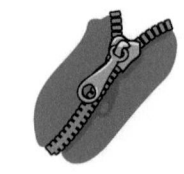

zip

застібка-блискавка

helmete

шолом

braces

підтяжки

diaparo tša sekolo

шкільна форма

unifomo

уніформа

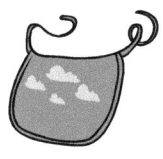

seaparo sa bib

нагрудник

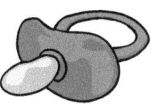

tami

соска

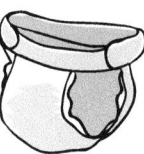

mongato

підгузок

ofisi

офіс

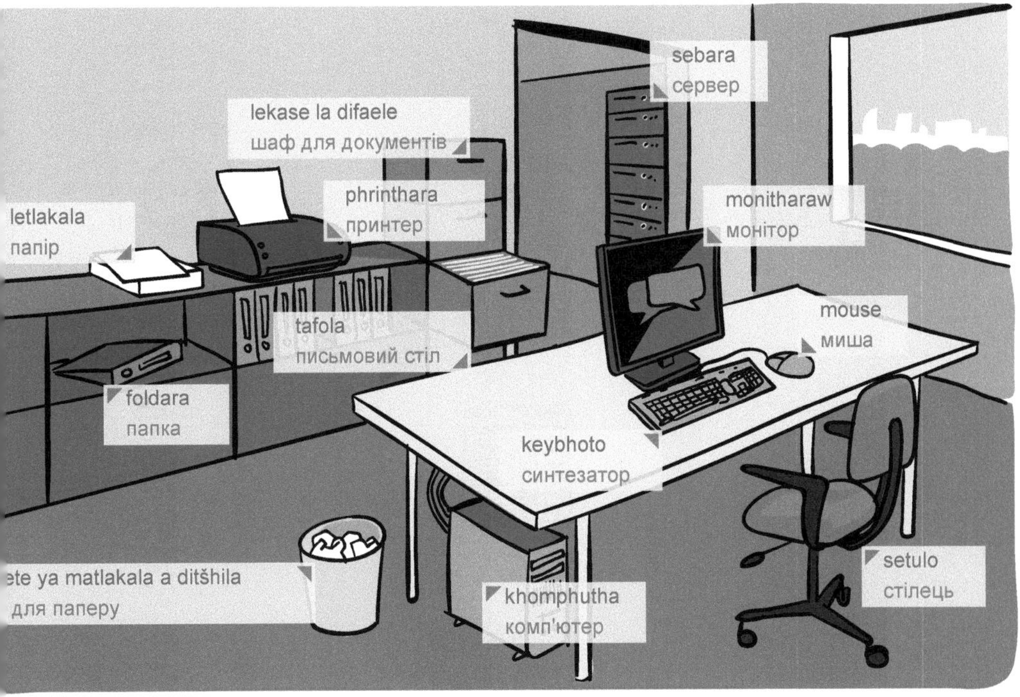

sebara
сервер
lekase la difaele
шаф для документів
phrinthara
принтер
letlakala
папір
monitharaw
монітор
mouse
миша
tafola
письмовий стіл
foldara
папка
keybhoto
синтезатор
ete ya matlakala a ditšhila
для паперу
setulo
стілець
khomphutha
комп'ютер

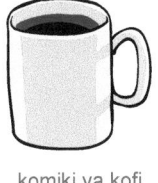

komiki ya kofi

кавовий кухоль

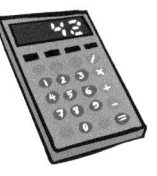

khalekhuleitha

калькулятор

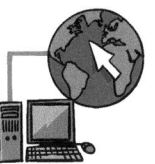

inthanete

інтернет

laptop

ноутбук

lengwalo

лист

molaetša

повідомлення

mogalathekeng

мобільний телефон

netweke

мережа

motšhene wa go photokhopa

копіювальний пристрій

software

програмне забезпечення

mogala

телефон

pholaka ya sokete

розетка

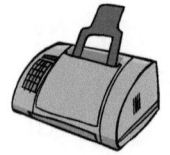

motšhine wa go fekesa

факс

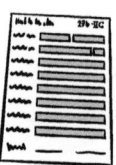

fomo

бланк

dipampiri

документ

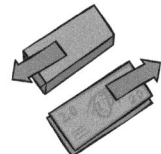

reka

купувати

lefa

платити

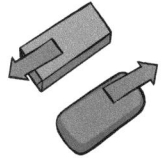

rekiša

торгувати

tšhelete

гроші

dollar

долар

euro

євро

yen

ієна

rouble

рубль

Swiss franc

франк

renminbi yuan

юанів женьміньбі

rupee

рупія

lefelo la go ntšha tšhelete

банкомат

lefelo la go fetola tšhelete

обмінний пункт

gauta

золото

silifera

срібло

oil

нафта

matla

енергія

poraese

ціна

konteraka

контракт

motšhelo

податок

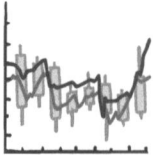

setokho

акція

mošomo

працювати

mošomi

працівник

mothwadi

роботодавець

feketori

фабрика

lebenkele la dijo

магазин

lephodisa
поліцейський

setimamollo
пожежник

apea
повар

ngaka
лікар

mofoiši wa difofane
пілот

mohlokomedi wa dirapana

садівник

mmetli

столяр

moroki

швачка

moahlodi

суддя

khemise

хімік

mmapadi

актор

mootledi wa pase

водій автобуса

mootledi wa thekisi

таксист

moswara dihlapi

рибалка

mosadi wa go hlwekiša

прибиральниця

molokiša marulelo

покрівельник

weithara

офіціант

motsomi

мисливець

motho wa go penta

художник

mopaki

пекар

electrician

електрик

moagi

будівельник

moenjeneare

інженер

selaga

забійник

polambara

бляхар

mosepediši wa poso

листоноша

mohlabani

солдат

mothadi wa dintlo

архітектор

morekiši

касир

molemi wa matšoba

флорист

mologi wa moriri

перукар

molaodi

кондуктор

mekhenikhe

механік

mokapotene

капітан

ngaka ya meno

дантист

rathutamahlale

вчений

moruti

рабин

moetapele wa dithapelo

імам

monk

монах

moruti

пастор

didirišwa

інструменти

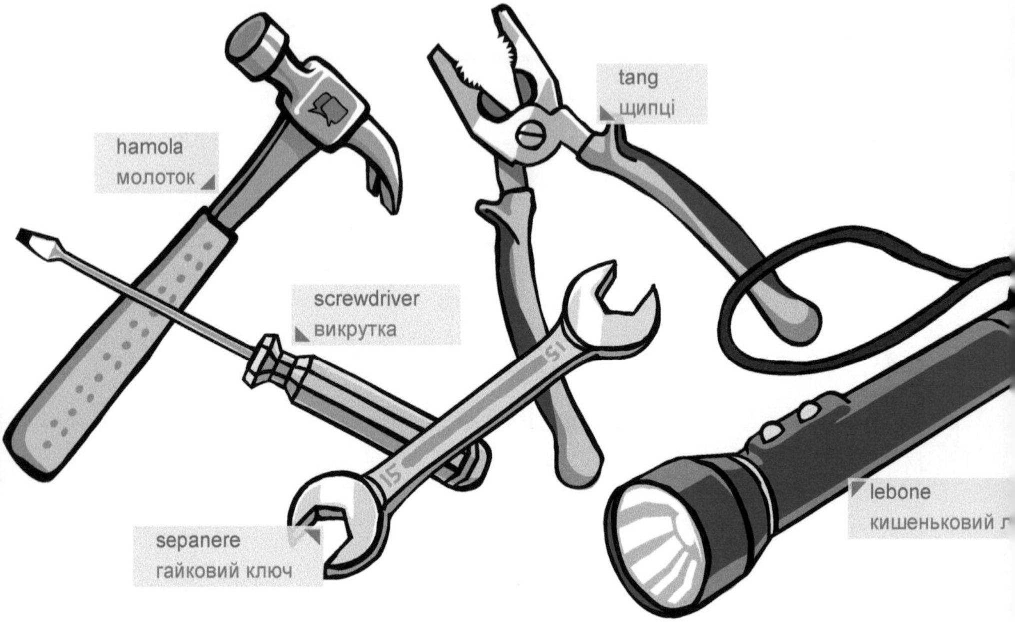

hamola
молоток
tang
щипці
screwdriver
викрутка
sepanere
гайковий ключ
lebone
кишеньковий л

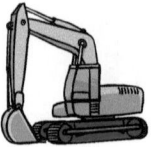

seepi

екскаватор

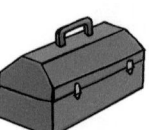

lepokisi la dithulusi

ящик для інструментів

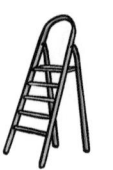

llere

драбина

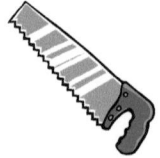

saga

пилка

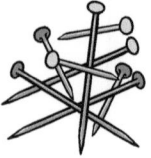

dipikiri

цвяхи

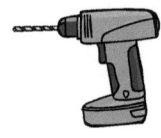

sebori

свердло

lokiša
....
ремонтувати

garafo
....
лопата

ijoo!
....
лайно!

seolela matlakala
....
совок

pitša ya pente
....
відро з фарбою

sekurufu
....
гвинти

didirišwa tša mmino
музичні інструменти

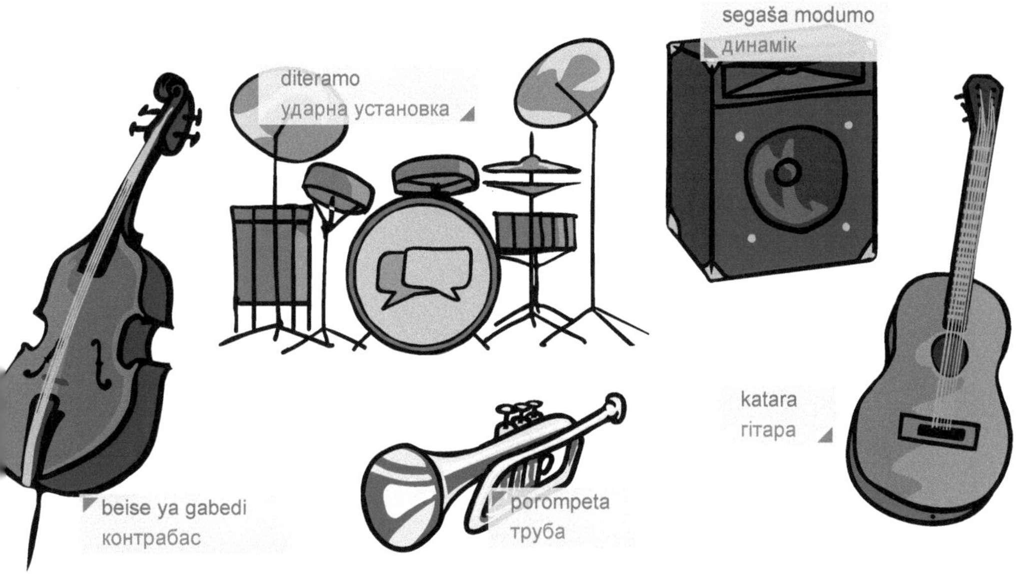

segaša modumo
динамік

diteramo
ударна установка

katara
гітара

beise ya gabedi
контрабас

porompeta
труба

piano

фортепіано

violin

скрипка

beise

бас

timpani

литаври

diteramo

барабан

keybhoto

клавіатура

saxophone

саксофон

phala

флейта

mmaekrofouno

мікрофон

zuu

зоопарк

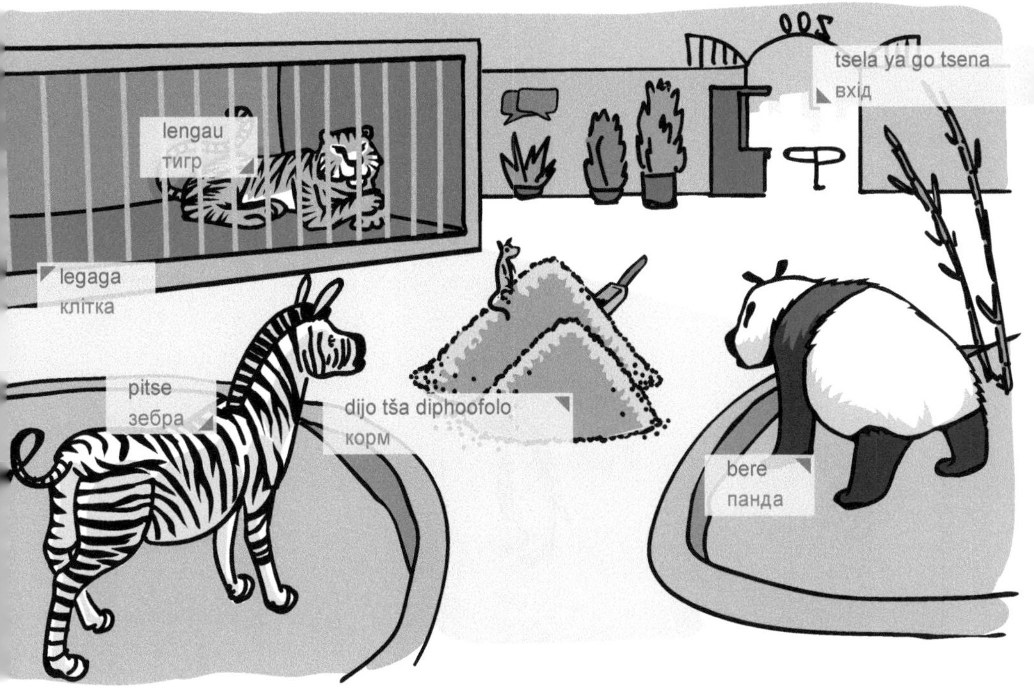

200
tsela ya go tsena
вхід
lengau
тигр
legaga
клітка
pitse
зебра
dijo tša diphoofolo
корм
bere
панда

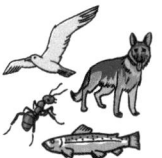

diphoofolo

тварини

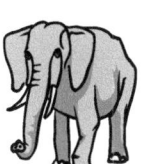

tlou

слон

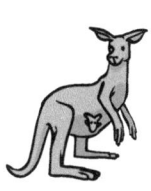

kangaroo

кенгуру

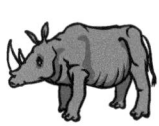

tšhukudu

носоріг

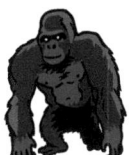

gorilla

горила

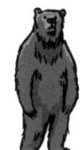

bere

ведмідь

kamela

верблюд

mpšhe

страус

tau

лев

tšhwene

мавпа

nonyana ya flamingo

фламінго

nonyana ya parrot

папуга

bere ya polar

білий ведмідь

penguin

пінгвін

shark

акула

phikoko

павич

noga

змія

kwena

крокодил

mohlokomedi wa di zoo

працівник зоопарку

sili

тюлень

jaquar

ягуар

pokolo

поні

lepogo

леопард

hippo

гіпопотам

thutlwa

жираф

lenong

орел

kolobe ya naga

кабан

hlaphi

риба

khudu

черепаха

walrus

морж

phiri

лисиця

phuthi

газель

kgwele ya Amerika
американський футбол

go reila paesekela
їзда на велосипеді

thenese
теніс

basketball
баскетбол

go rutha
плавання

ntwa ya matswele
бокс

hockey ya lehlweng
хокей

kgwele ya maoto
футбол

badminton
бадмінтон

bakitimi
легка атлетика

polo ya matsogo
гандбол

skiing
лижні перегони

polo
поло

taboga
стрибати

sega
сміятися

gokara
обіймати

sepela
йти

opela
співати

lora
мріяти

rapela
молитися

atla
цілувати

ngwala

писати

thala

малювати

bontšha

показувати

kgorometša

тиснути

efa

давати

tšea

брати

e ba le

мати

dira

робити

eba

бути

ema

стояти

kitima

бігати

goga

тягнути

lahlela

кидати

e wa

падати

maaka

лежати

emanyana

очікувати

rwala

носити

dula

сидіти

go apara

одягати

robala

спати

tsoga

просипатися

lebelela

дивитися

lla

плакати

seterouko

гладити

kamo

розчісувати

bolela

розмовляти

kwešiša

розуміти

botšiša

питати

theetša

слухати

e nwa

пити

eja

їсти

hlwekiša

прибирати

lerato

любити

apea

варити

otlela

їхати

fofa

літати

sesa

йти під вітрилом

khalekhuleitha

рахувати

bala

читати

ithute

вчитися

mošomo

працювати

nyala

одружуватися

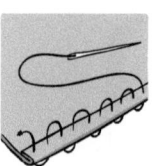

roka

шити

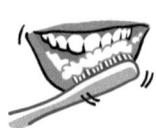

hlapa meno

чистити зуби

bolaya

убивати

kgoga

курити

romela

посилати

lelapa
сім'я

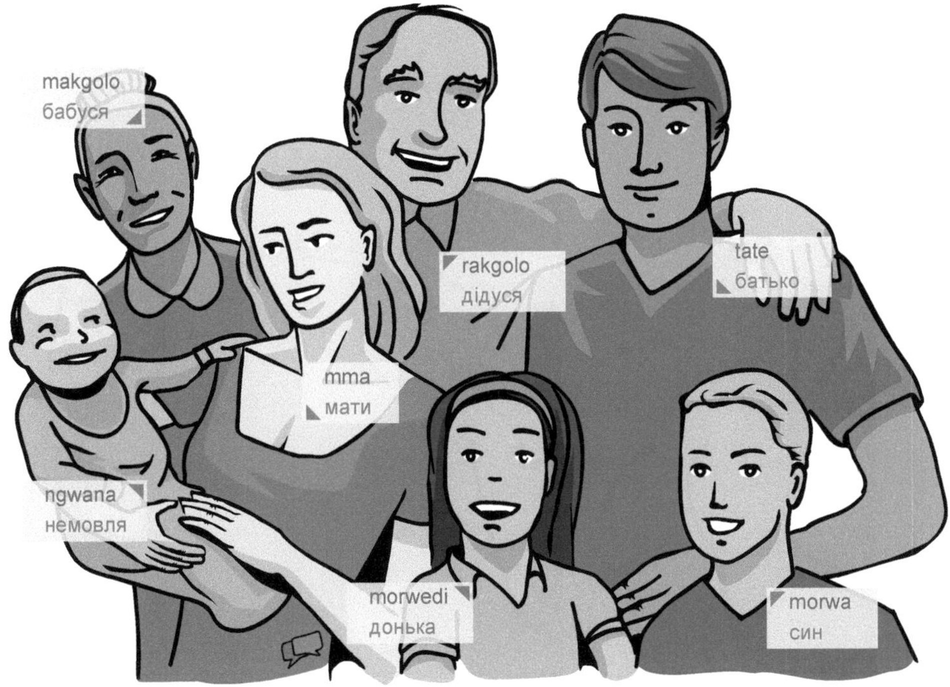

makgolo
бабуся
rakgolo
дідуся
tate
батько
mma
мати
ngwana
немовля
morwedi
донька
morwa
син

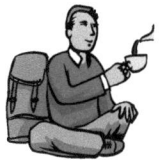

moeng
гість

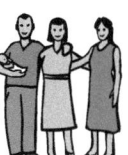

rakgadi
тітка

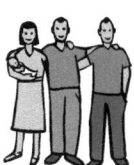

malome
дядько

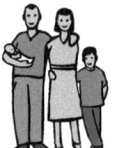

abuti
брат

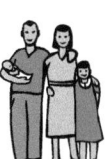

sesi
сестра

mmele

тіло

phatla
чоло
leihlo
око
magetla
плече
monwana
палець
sefahlego
обличчя
seledu
підборіддя
seatla
кисть
leoto
нога
letswele
груди
letsogo
рука

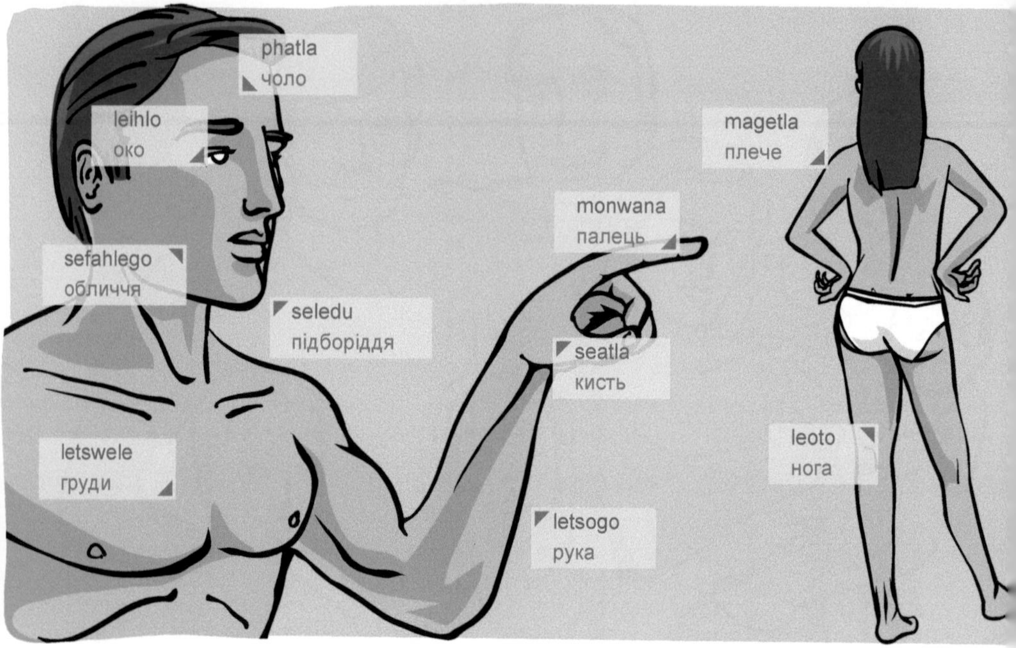

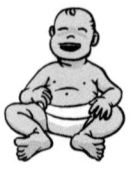

ngwana
немовля

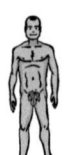

monna
чоловік

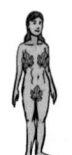

mosadi
жінка

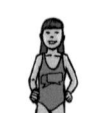

kgarebe
дівчина

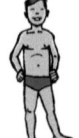

mošemane
хлопчик

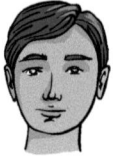

hlogo
голова

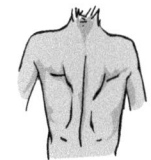

morago

спина

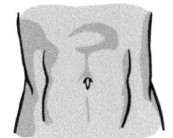

mokhaba

живіт

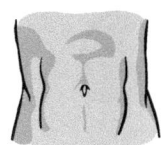

mokhubu

пуп

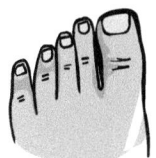

monwana

палець ноги

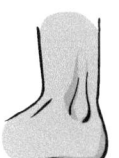

tlhako

п'ята

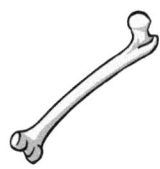

lerapo

кістка

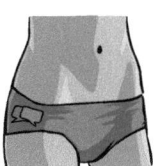

matheka

стегно

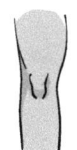

leoto

коліно

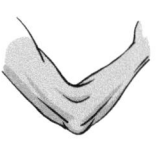

khuru

лікоть

nko

ніс

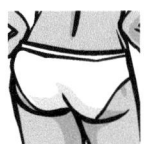

tlase

сідниці

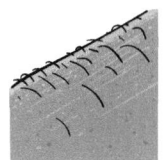

letlalo

шкіра

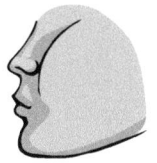

lerama

щока

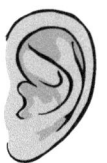

tsebe

вухо

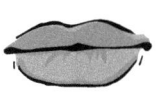

molomo

губа

molomo

рот

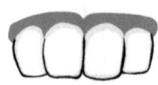

leino

зуб

Leleme

язик

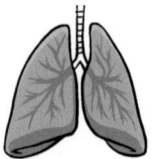

bjoko

мозок

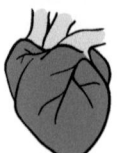

pelo

серце

segoba

м'яз

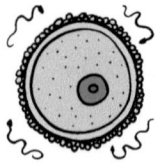

maswafo

легені

sebete

печінка

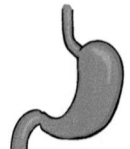

mala

шлунок

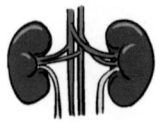

diphsio

нирки

thobalano

статевий акт

condom

презерватив

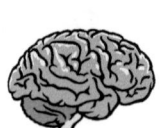

Ovum

яйцеклітина

matshedi

сперма

go ima

вагітність

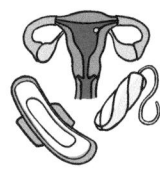

go bona kgwedi

менструація

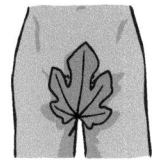

setho sa bosadi

вагіна

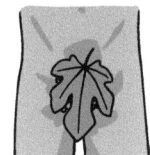

setho sa bonna

пеніс

dintši

брова

moriri

волосся

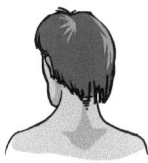

molala

шия

sepetlele

лікарня

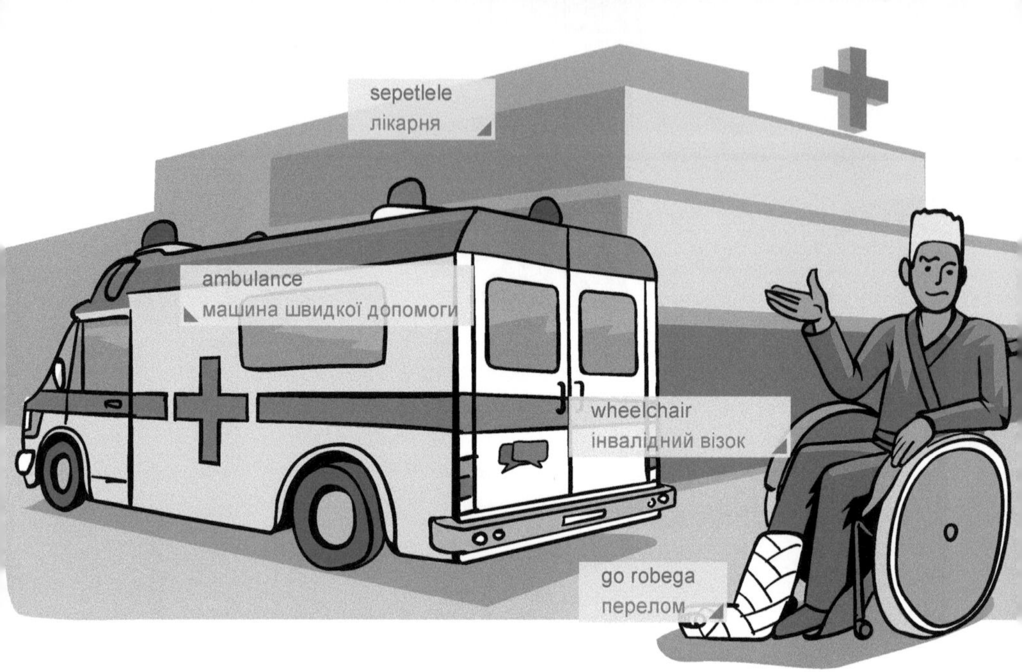

sepetlele
лікарня
ambulance
машина швидкої допомоги
wheelchair
інвалідний візок
go robega
перелом

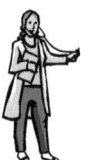

ngaka

лікар

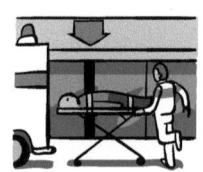

phapoši ya tša tšhoganetšo

відділення швидкої медичної допомоги

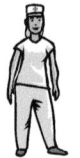

mooki

медсестра

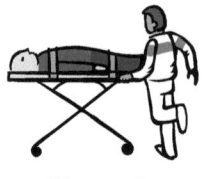

tšhoganetšo

аварійний випадок

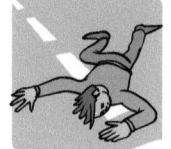

go idibala

непритомний

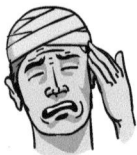

bohloko

біль

go gobala

травма

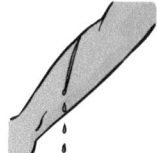

go tšwa madi

кровотеча

bolwetši bja pelo

інфаркт

setorouko

інсульт

ge mmele o ganana le dijo

алергія

go gohlola

кашель

go gohlola

лихоманка

sehuba

грип

letšhollo

пронос

go opa ke hlogo

головна біль

kankere

рак

swikiri

діабет

mmui

хірург

thipa ya scalpel

скальпель

go bulwa

операція

CT
КТ

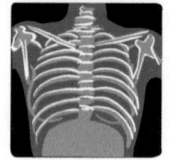

x-ray
рентген

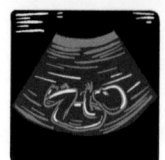

ultrasound
ультразвук

sethiba sefahlego
маска

bolwetši
хвороба

phapoši ya go leta
зал очікування

lehlotlo
милиця

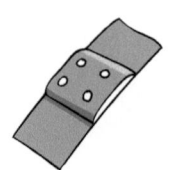

sedirišwa sa plaster
пластир

lešela la ntho
пов'язка

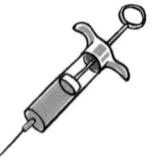

nalete
ін'єкція

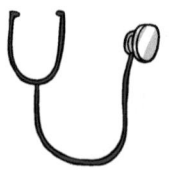

sthehosekoupo
стетоскоп

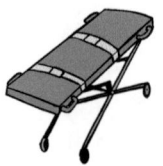

seteretšhara
ноші

themoketha ya kgathelelo
термометр

go belebga
народження

mmele o mogolo
надмірна вага

sethuša ditsebe

слуховий апарат

disinfectant

дезінфікуючий засіб

twatši

інфекція

baerase

вірус

HIV / AIDS

ВІЛ / СНІД

dihlare

медицина

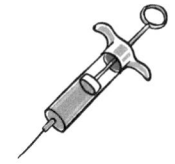

tlhabelo ya go thibela malwetši

вакцинація

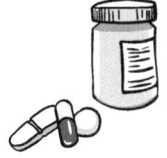

dipilisi

таблетки

pilisi

протизаплідна пігулка

mogala wa tšhoganetšo

екстрений виклик

sehlahlobi sa pelo

тонометр

go babja / phetše gabotse

хворий / здоровий

Thušo!

Допоможіть!

alamo

сигнал тривоги

go tšhošetšwa

напад

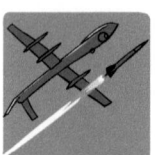

tlhaselo

атака

kotsi

небезпека

go tšwa ka tšhoganetšo

аварійний вихід

Mollo!

Вогонь!

setimamollo

вогнегасник

kotsi

аварія

first-aid kit

аптечка

SOS

СОС

maphodisa

поліція

Yuropa

Європа

Amerika Bodikela

Північна Америка

Amerika Borwa

Південна Америка

Afrika

Африка

Asia

Азія

Australia

Австралія

Atlantic

Атлантика

Pacific

Тихий океан

Lewatle la India

Індійський океан

Lewatle la Antarctic

Антарктичний океан

Lewatle la Arctic

Північний Льодовитий
океан

North Pole

Північний полюс

South Pole

Південний полюс

Antarctica

Антарктика

Lefase

Земля

naga

суша

noka

море

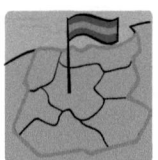

island

острів

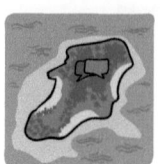

naga

нація

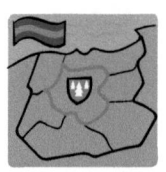

state

держава

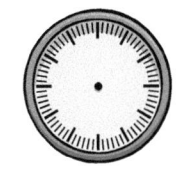

sešupanako sa dinomoro

циферблат

diiri tša sešupanako

годинникова стрілка

metsotso ya sešupanako

хвилинна стрілка

metsotswana ya
sešupanako

секундна стрілка

Ke nako mang?

Котра година?

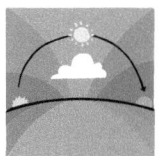

letšatši

день

nako

час

gona bjale

зараз

sešupanako sa dinomoro

цифровий годинник

metsotso

хвилина

iri

година

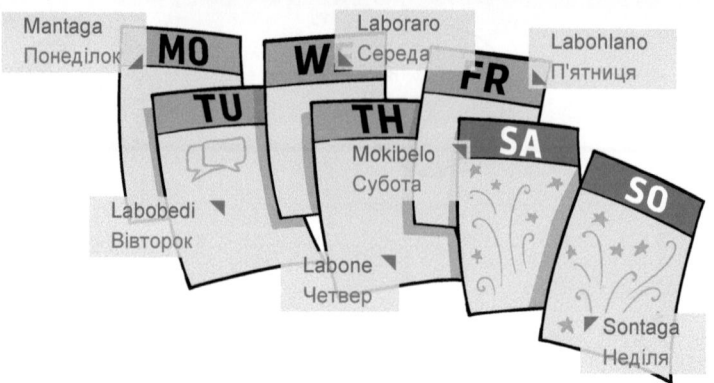

Mantaga — Понеділок
Laboraro — Середа
Labohlano — П'ятниця
Labobedi — Вівторок
Mokibelo — Субота
Labone — Четвер
Sontaga — Неділя

maobane

вчора

lehono

сьогодні

ka moswana

завтра

mesong

ранок

Thapama

опівдні

mantšiboa

вечір

matšatši a kgwebo

робочі дні

mafelobeke

кінець робочого тижня

ngwaga
рік

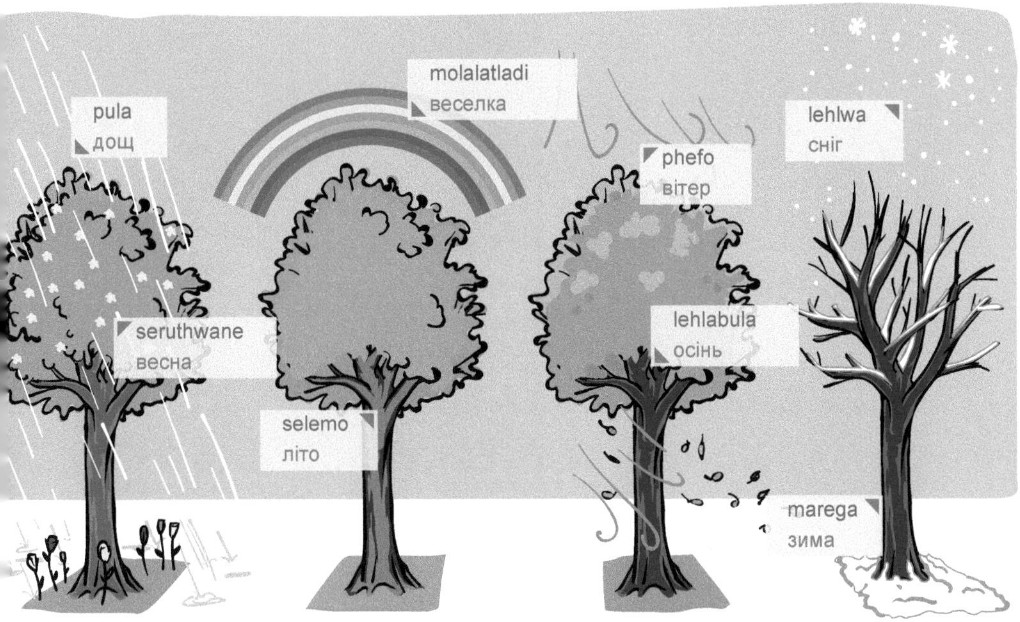
pula
дощ
molalatladi
веселка
lehlwa
сніг
phefo
вітер
seruthwane
весна
lehlabula
осінь
selemo
літо
marega
зима

4.APRIL 11°
5.APRIL 4°
6.APRIL 13°
7.APRIL 8°
8.APRIL 10°

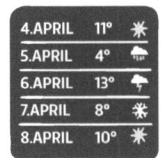

tsebišo ya leratadima

прогноз погоди

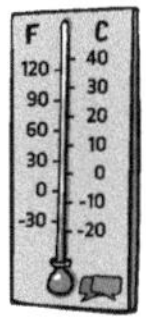
F C
120 40
90 30
60 20
30 10
0 0
-30 -10
-20

thermometer

термометр

mahlasedi a letšatši

сонячне світло

maru

хмара

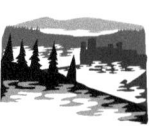

kgudi

туман

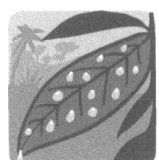

go koloba

вологість повітря

legadima

блискавка

legadima

грім

ledimo

шторм

sefako

град

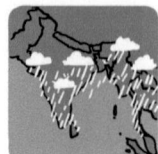

ledimo

мусон

lefula

повінь

lehlwa

лід

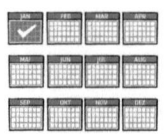

January

Січень

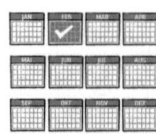

February

Лютий

March

Березень

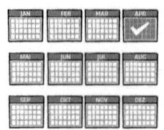

April

Квітень

May

Травень

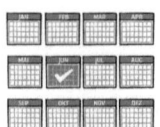

June

Червень

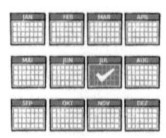

July

Липень

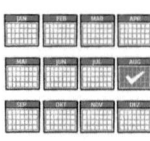

August

Серпень

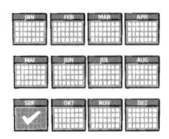

September
·················
Вересень

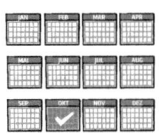

October
·················
Жовтень

November
·················
Листопад

December
·················
Грудень

nthokolo
·················
круг

sekwere
·················
квадрат

rectangle
·················
прямокутник

theraekele
·················
трикутник

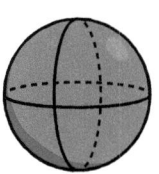

nthokolo
·················
куля

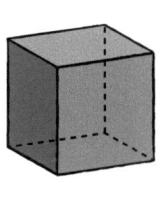

cube
·················
куб

tshweu

білий

kheri

жовтий

namone

помаранчевий

pinki

рожевий

khubedu

червоний

phepholo

фіолетовий

pududu

синій

tala

зелений

tshehla

коричневий

kerei

сірий

bontsho

чорний

še dintši / tše dinyenyane

багато / мало

befetšwe / theotše maswafo

лютий / мирний

botse / befile

гарний / бридкий

mathomo / mafelelo

початок / кінець

kgolo / nyenyane

великий / малий

seetša / leswiswi

світлий / темний

abuti / sesi

брат / сестра

hlwekile / ditšhila

чистий / брудний

feletše / ga se e felele

завершений /
незавершений

mosegare / bošego

день / ніч

hwile / o sa phela

мертвий / живий

go bulega / go tswalelega

широкий / вузький

e a jega / ga e jege

їстівний / неїстівний

bobe / go loka

злий / дружній

mahlahlo / go tšwafa

збуджений / нудьгуючий

bokoto / bosese

товстий / тонкий

mathomo / mafelelo

спочатку / востаннє

mogwera / lenaba

друг / ворог

e tletše / ga e na selo

повний / порожній

tiile / e bonolo

жорсткий / м'який

ya roba / e bobebo

важкий / легкий

tlala / mokhoro

голод / спрага

go babja / phetše gabotse

хворий / здоровий

ga e molaong / e molaong

незаконний / законний

bohlale / lešilo

розумний / дурний

le letshadi / le letona

вліво / вправо

kgaufsi / kgole

поруч / далеко

mapsha / e dirišitšwe

новий / використаний

selo / se sengwe

нічого / щось

motšofadi / mofsa

старий / молодий

laeta / tima

вкл / викл

bula / tswalela

відкрито / закрито

homola / rasa

тихо / гучно

go huma / go diila

багатий / бідний

e lokilego / e sa lokago

правильно / неправильно

makgwakgwa / go thelela

шорсткий / гладкий

go nyama / go thaba

сумний / щасливий

mokopana / motelele

короткий / довгий

go nanya / go kitima

повільно / швидко

go koloba / go oma

вологий / сухий

borutho / go tonya

гарячий / холодний

ntwa / khutšo

війна / мир

0

nnoto

нуль

1

tee

один

2

pedi

два

3

tharo

три

4

nne

чотири

5

tlhano

п'ять

6

tshela

шість

7

šupa

сім

8

seswai

вісім

9

senyane

дев'ять

10

lesome

десять

11

lesome tee

одинадцять

12

lesome pedi

дванадцять

13

lesome tharo

тринадцять

14

lesome nne

чотирнадцять

15

lesome tlhano

п'ятнадцять

16

lesome tshela

шістнадцять

17

lesome šupa

сімнадцять

18

lesome seswai

вісімнадцять

19

lesome senyane

дев'ятнадцять

20

masomepedi

двадцять

100

lekgolo

сто

1.000

sekete

тисяча

1.000.000

milione

мільйон

Seisemane

англійська

Seisemane sa Amerika

американська англійська

Sechina sa Mandarin

китайська
високочиновницька

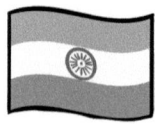

Sehindi

хінді

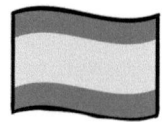

Spanish

іспанська

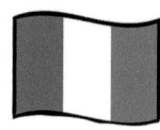

Sefora

французька

Searabic

арабська

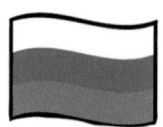

Serašia

російська

Sepotokisi

португальська

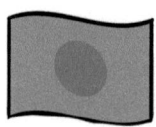

Sebengali

бенгальська

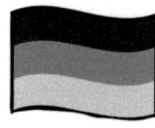

Sejeremane

німецька

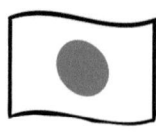

Sefapane

японська

Nna

я

wena

ти

yena / yona

він / вона / воно

rena

ми

wena

ви

bona

вони

bomang?

хто?

eng?

що?

bjang?

як?

mo kae?

де?

neng?

коли?

leina

ім'я

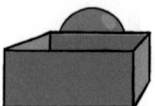

ka morago

зззаду

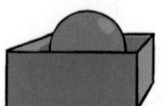

go

в

kgaufsi le

перед

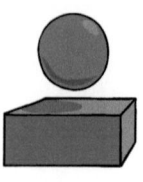

godimo ga

над

go

на

ka tlase ga

під

ka lehlakoreng la

біля

magareng ga

між

lefelo

місце